DU

MOUVEMENT DES PROJECTILES

LANCÉS

PAR LES ARMES A FEU RAYÉES

PAR

LE COMTE PAUL DE SAINT-ROBERT

PARIS

CH. TANERA, ÉDITEUR

LIBRAIRIE POUR L'ART MILITAIRE, LES SCIENCES ET LES ARTS

Quai des Augustins, 27.

1861

DU

MOUVEMENT DES PROJECTILES

LANCÉS PAR LES ARMES A FEU RAYÉES

EXTRAIT DU SPECTATEUR MILITAIRE.

Paris. — Imprimerie de L. MARTINET, rue Mignon, 2.

DU

MOUVEMENT DES PROJECTILES

LANCÉS

PAR LES ARMES A FEU RAYÉES

PAR

LE COMTE PAUL DE SAINT-ROBERT

PARIS

CH. TANERA, ÉDITEUR

LIBRAIRIE POUR L'ART MILITAIRE, LES SCIENCES ET LES ARTS

Quai des Augustins, 27.

1861

DU

MOUVEMENT DES PROJECTILES

LANCÉS

PAR LES ARMES A FEU RAYÉES.

AVANT-PROPOS.

Le but de cet écrit est de présenter sous une forme élémentaire, autant que le comporte la nature du sujet, la théorie du mouvement des projectiles lancés par les armes à feu rayées. C'est une exposition synthétique des résultats auxquels je suis arrivé dans un travail intitulé : *Études sur la trajectoire que décrivent les projectiles oblongs* (1).

Quant au mode d'exposition, j'ai profité des méthodes employées par MM. Airy et Poinsot (2) pour expliquer et calculer le phénomène de la précession des équinoxes.

On trouvera, dans le chapitre IV, un théorème sur

(1) Paris, chez Corréard, 1859-1860.

(2) Airy. — *Mathematical tracts. Precession and nutation.* Cambridge, 1842.

Poinsot. — *Précession des équinoxes.* Paris, 1857.

la similitude des trajectoires, théorème que ne contiennent pas mes premières études, et que je signale au lecteur, parce qu'il me semble susceptible de diverses applications utiles. Il fournit, par exemple, le moyen de se former d'avance une juste idée du tir d'une bouche à feu, dont la réalisation est coûteuse, par des expériences en petit sur une arme de moindres dimensions.

Turin, février 1861.

CHAPITRE I.

COMPOSITION DES MOUVEMENTS DE ROTATION.

Proposition 1.

THÉORÈME.

Lorsqu'un corps est animé de deux rotations autour de deux axes qui se coupent sous un angle quelconque, ces deux rotations équivalent à une seule; et, si l'on prend sur les deux axes des longueurs proportionnelles aux vitesses angulaires, et qu'on construise le parallélogramme, la diagonale représentera en direction l'axe unique et en grandeur la vitesse angulaire de la rotation équivalente aux deux autres.

La démonstration de ce théorème se trouve dans les traités élémentaires de mécanique; nous ne nous y arrêterons donc point, et nous renvoyons le lecteur à ces ouvrages, notamment à la *Théorie nouvelle de la rotation des corps*, par M. Poinsot.

Remarque.

Si l'une des deux rotations est engendrée par l'action continue d'une force finie, on trouve l'effet de celle-ci, en divisant le temps en un grand nombre de petits intervalles, et supposant la vitesse angulaire engendrée dans chacun de ces intervalles comme si elle était imprimée à la fin de chacun. On compose cette vitesse angulaire avec la vitesse angulaire actuelle du corps, et on trouve ensuite la limite vers laquelle on converge en augmentant indéfiniment le nombre des intervalles.

Proposition 2.

THÉORÈME.

(Fig. 1.)

Si une force constante Q agit sur un corps, qui tourne autour de l'axe OI, avec une vitesse angulaire V, de manière à lui imprimer à chaque instant une rotation autour d'un axe OA tel, qu'il reste constamment compris dans le même plan MN, et qu'il soit toujours perpendiculaire à l'axe autour duquel le corps tourne à chaque instant, la vitesse angulaire du corps ne change point de grandeur dans tout le cours du mouvement.

Soit v la vitesse angulaire que la force Q communiquerait au corps dans l'unité de temps, si elle agissait seule. Si l'on suppose que l'unité de temps, par exemple une seconde, soit divisée en n parties égales, la vitesse engendrée dans chacune de ces parties sera $\frac{v}{n}$.

En composant les vitesses angulaires V et $\frac{v}{n}$, dont les axes OI, OA sont perpendiculaires, on aura pour la nouvelle vitesse angulaire du corps, au bout de $\frac{1''}{n}$

$$OI' = \sqrt{V^2 + \frac{v^2}{n^2}}.$$

En composant cette vitesse angulaire avec la vitesse angulaire $\frac{v}{n}$, engendrée dans le second petit intervalle de temps, et observant que l'axe, autour duquel elle est produite, est, par hypothèse, perpendiculaire à l'axe OI', autour duquel le corps tourne actuellement, on trouvera pour la vitesse angulaire, au bout du second intervalle de temps :

$$\sqrt{V^2 + \frac{v^2}{n^2} + \frac{v^2}{n^2}} = \sqrt{V^2 + 2\frac{v^2}{n^2}}.$$

De même, au bout du troisième intervalle de temps, la vitesse angulaire sera :

$$\sqrt{V^2 + 2\frac{v^2}{n^2} + \frac{v^2}{n^2}} = \sqrt{V^2 + 3\frac{v^2}{n^2}};$$

et ainsi de suite.

De sorte que la vitesse angulaire, au bout du $n^{ième}$

intervalle de temps, c'est-à-dire au bout de 1", sera :

$$\sqrt{V^2 + n\frac{v^2}{n^2}} = \sqrt{V^2 + \frac{v^2}{n}}.$$

Si l'on augmente n indéfiniment, la limite de la vitesse angulaire sera :

$$\sqrt{V^2} = V.$$

Donc, la vitesse angulaire du corps n'est point altérée dans la première seconde. Comme le même raisonnement s'applique à toutes les secondes successives, il s'ensuit que cette vitesse angulaire ne change point de grandeur dans tout le cours du mouvement.

Proposition 3.

THÉORÈME.

(Fig. 1.)

Dans les mêmes circonstances que ci-dessus, l'inclinaison de l'axe de rotation du corps sur le plan fixe MN ne varie point dans tout le cours du mouvement.

De ce que, par hypothèse, l'axe OA de la rotation imprimée par la force Q reste constamment compris dans le plan MN et est toujours perpendiculaire à l'axe de la rotation actuelle du corps, il s'ensuit qu'il sera aussi toujours perpendiculaire à la projection OB de l'axe OI sur le plan fixe.

Le triangle OBB' étant rectangle en B, nous aurons :

$$OB' = \sqrt{\overline{OB}^2 + \frac{v^2}{n^2}}$$

pour la projection de la vitesse angulaire du corps au bout du premier intervalle de temps $\frac{1''}{n}$. Au bout du second intervalle de temps, la projection sera :

$$\sqrt{\overline{OB}^2 + 2\,\frac{v^2}{n^2}}\,;$$

et au bout du $n^{ième}$ intervalle ou d'une seconde :

$$\sqrt{\overline{OB}^2 + n\,\frac{v^2}{n^2}} = \sqrt{\overline{OB}^2 + \frac{v^2}{n}}.$$

En faisant croître n indéfiniment, on voit que la projection de la vitesse angulaire sur le plan fixe ne varie point dans la première seconde de temps.

Puisque la même chose est vraie pour les secondes successives, il s'ensuit que la grandeur de la projection de la vitesse angulaire du corps sur le plan fixe est constante. Par conséquent, l'axe de rotation du corps restera toujours également incliné sur le plan fixe dans tout le cours du mouvement.

CONSÉQUENCE.

(Fig. 2.)

De ce que l'inclinaison de l'axe de rotation se conserve constante, on peut conclure que l'axe instantané de la rotation du corps décrira simplement dans l'espace un cône droit OHT″..., à base circulaire, autour de la normale OT au plan fixe MN.

Remarque.

Il importe de remarquer que les deux théorèmes précédents ont lieu quelle que soit l'intensité, constante ou variable, de la force Q. En effet, si la force Q est variable, il faut, dans les démonstrations précédentes, remplacer

$$n\frac{v^2}{n^2}$$

par

$$\frac{v^2+v'^2+v''^2+\ldots}{n^2},$$

où v, v', v''.... représentent les vitesses angulaires engendrées par la force variable Q.

Or, si l'on désigne par u^2 la moyenne arithmétique entre les quantités v^2, v'^2, v''^2..., on aura :

$$\frac{v^2+v'^2+v''^2+\ldots}{n^2}=\frac{nu^2}{n^2}=\frac{u^2}{n}.$$

Cette quantité converge vers zéro, tandis que n croît indéfiniment, car u est toujours une quantité finie.

Il en résulte que les conclusions déduites ci-dessus subsistent, quelle que soit la valeur de la force Q. La grandeur de cette force n'influe, comme on va le voir, que sur la vitesse angulaire, avec laquelle l'axe instantané de rotation décrit le cône droit dont on vient de parler.

Proposition 4.

THÉORÈME.

(Fig. 1.)

Dans les mêmes circonstances que ci-dessus, le pôle I *tourne uniformément autour du pôle fixe* T *du plan* MN *avec une vitesse angulaire égale à*

$$\frac{v}{V \sin a},$$

où a désigne l'inclinaison de l'axe OI *sur la normale au plan fixe.*

Le pôle I a le même mouvement autour du pôle T que la projection OB de l'axe OI sur le plan fixe. Or, si l'on divise une seconde en n parties égales comme ci-dessus, et si l'on observe que l'angle B est droit, on aura :

$$\text{tang}\,\widehat{BOB'} = \frac{BB'}{OB};$$

et puisque

$$BB' = \frac{v}{n},$$

$$OB = OI \sin \widehat{TOI} = V \sin a,$$

il vient

$$\text{tang}\,\widehat{BOB'} = \frac{v}{nV \sin a}.$$

Si l'on fait croître n indéfiniment, la valeur de

$$\text{tang}\,\widehat{BOB'}$$

converge vers la valeur de l'angle

$$\widehat{BOB'};$$

de sorte que, pour n fort grand, on aura :

$$\widehat{BOB'} = \frac{v}{n V \sin a}.$$

En vertu de la proposition 2, la vitesse angulaire V reste constante : donc, à chacun des intervalles successifs $\frac{1''}{n}$, des angles égaux à BOB' viennent s'ajouter à BOB'. Par conséquent, au bout d'une seconde, la projection de l'axe instantané aura tourné de l'angle

$$n\widehat{BOB'} = n \frac{v}{n V \sin a} = \frac{v}{V \sin a}.$$

De ce que la même chose est vraie pour chaque seconde successive, on en conclut que

$$\frac{v}{V \sin a}$$

représente la vitesse avec laquelle la projection de l'axe OI tourne sur le plan fixe, ou, si l'on veut, la vitesse du pôle I autour du pôle fixe T du plan.

Comme V et a restent constants, on voit que cette vitesse angulaire du pôle I est simplement proportionnelle à la vitesse angulaire v.

Si v est constant, le mouvement du pôle I est uniforme.

Remarque.

Quant au sens du mouvement du pôle I autour de la normale OT, il est visible (fig. 1) que, si la force Q agit de manière à *éloigner* l'axe OI de l'axe fixe OT, le mouvement angulaire du pôle autour de l'axe fixe OT se fait dans le même sens que la rotation du corps estimée autour du même axe OT, sens de mouvement qu'on prend pour terme de comparaison, et qu'on appelle le sens *direct :* de sorte que, dans ce premier cas, on peut dire que le pôle a un *mouvement direct* autour de l'axe fixe.

Si, au contraire (fig. 3), la force Q tend à *rapprocher* l'axe OI de l'axe fixe OT, on voit que le mouvement du pôle I autour de la normale se fait dans un sens contraire à celui de la rotation V, ou qu'il est ce qu'on appelle *rétrograde.*

Proposition 5.

THÉORÈME.

(Fig. 4.)

Dans les mêmes circonstances que ci-dessus, tandis que l'axe instantané OI *décrit dans l'espace un cône droit à base circulaire autour de la normale au plan fixe, le même axe décrit dans l'intérieur du corps un autre cône droit à base circulaire dont la demi-ouverture* b *est donnée par l'équation :*

$$\cot b = \frac{V^2}{v} - \cot a.$$

Supposons que, du centre O et d'un rayon $OI = 1$, on décrive la surface d'une sphère : elle coupera le cône que décrit l'axe instantané dans l'espace absolu, suivant une circonférence S, et le cône, quel qu'il soit, décrit par le même axe dans l'intérieur du corps, suivant une certaine courbe s qu'il s'agit de déterminer.

Il est visible que le mouvement du corps pourrait être produit par un cône mobile à base s, considéré comme attaché au corps et l'entraînant avec soi, qui roulerait, sans glisser, sur le cône fixe à base S. La ligne de contact de ces deux cônes sera à chaque instant l'axe autour duquel le corps tourne dans cet instant, ou ce qu'on appelle l'axe instantané. Dans ce mouvement, la courbe mobile s vient appliquer l'un après l'autre tous ses éléments successifs sur les éléments respectivement égaux de la courbe fixe S.

D'après cela, il est évident que la vitesse du pôle I, pour décrire la courbe S, est parfaitement égale à la vitesse que le même pôle I a pour décrire la courbe s.

Or, nous avons vu (prop. 4) que la vitesse angulaire du pôle I autour de l'axe fixe OT est représentée par

$$\frac{v}{V \sin a}.$$

Pour passer de cette vitesse angulaire à la vitesse que le pôle I a sur la circonférence S, il suffit de la multiplier par le rayon de cette circonférence, qui est évidemment égale à

$$\sin a;$$

Il en résulte que la vitesse du pôle I sur la circonférence S sera

$$\frac{v}{V};$$

Et cette vitesse sera aussi celle du pôle I sur la courbe s.

Si l'on désigne par $2b$ l'angle au sommet du cône circulaire osculateur du cône s, suivant OI, le rayon de courbure du cône s sera $\sin b$. En divisant par ce rayon la vitesse

$$\frac{v}{V},$$

on aura

$$\frac{v}{V \sin b}$$

pour la vitesse angulaire du pôle I autour de l'axe du cône mobile, dont la base est la courbe s.

Il est maintenant évident que la vitesse angulaire de rotation V autour de l'axe instantané OI doit être égale à la résultante des deux vitesses angulaires de rotation autour des axes des cônes osculateurs en I des cônes roulants S et s. Si l'on prend sur ces deux axes OT, Ot (fig. 5) des longueurs

$$OA = \frac{v}{V \sin a} \quad \text{et} \quad OB = \frac{v}{V \sin b},$$

et qu'on construise le parallélogramme OACB, la diagonale OC sera égale à V. Or, on a :

$$OC = OA \cos a + OB \cos b,$$

ce qui donne, en mettant pour OC, OA, OB, leurs valeurs :

$$V = \frac{v}{V} \cot a + \frac{v}{V} \cot b;$$

d'où l'on tire

$$\cot b = \frac{V^2}{v} - \cot a.$$

Telle est l'expression de la demi-ouverture du cône osculateur du cône mobile s.

Mais nous avons vu (prop. 2, 3) que la vitesse angulaire V de rotation du corps, l'angle $2a$ au sommet du cône fixe S, sont des quantités constantes; il en résulte que, si v est aussi constant, ou, en d'autres termes, si la force Q est constante, l'angle $2b$ au sommet du cône mobile s est constant, et que, par conséquent, s est un cercle aussi bien que S.

On peut donc se faire une idée très nette du mouvement d'un corps, tournant autour d'un axe, soumis à l'action d'une force constante qui tend à le faire tourner autour d'un autre axe perpendiculaire au premier, et toujours compris dans un même plan fixe, par cette image si simple de deux cônes circulaires de même sommet O (fig. 6), dont l'un, IOs, d'une ouverture $2b$, roule sans glisser sur la surface de l'autre IOS, d'une ouverture $2a$.

L'ouverture du cône mobile se déterminera à l'aide de l'équation

$$\cot b = \frac{V^2}{v} - \cot a,$$

ou bien de l'équation

$$\tang b = \frac{\frac{v}{V^2}}{1 - \frac{v}{V^2} \cot a}.$$

Lorsque la quantité

$$\frac{v}{V^2} \cot a$$

est fort petite, on aura approximativement

$$b = \frac{v}{V^2}.$$

Remarque.

Si le mouvement du pôle I autour de la normale fixe OT est *direct*, les deux surfaces coniques se touchent *extérieurement* (fig. 6); de sorte que le cône mobile roule en touchant par sa surface *convexe* la surface *convexe* du cône fixe (1).

Si le mouvement est *rétrograde*, le cône mobile tombe dans l'intérieur du cône fixe (fig. 7); de sorte qu'il roule en touchant par sa surface *convexe* la surface *concave* du cône fixe.

(1) Le mouvement peut être *direct*, et les deux surfaces coniques se toucher intérieurement. C'est lorsque le cône fixe tombe dans l'intérieur du cône mobile (fig. 8), de manière à être enveloppé par celui-ci, qui roule en touchant par sa surface *concave* la surface *convexe* du cône fixe. Nous n'aurons point à considérer ce cas.

CHAPITRE II.

DÉCOMPOSITION DU MOUVEMENT DE TRANSLATION.

Proposition 6.

THÉORÈME.

Si un corps se meut dans l'espace en vertu d'une vitesse initiale et sous l'action d'une force F, *et si l'on projette à chaque instant son centre de gravité sur un axe quelconque, sa projection s'y mouvra comme un corps qui, ayant même masse que le mobile dont il s'agit, aurait pour vitesse initiale la projection de la vitesse initiale du mobile de l'espace, et pour force agissante la projection* P *de la force* F *qui sollicite le corps de l'espace.*

La démonstration de ce théorème se trouve dans tous les traités de mécanique.

Nous n'avons parlé que d'une seule force F appliquée au mobile; mais le théorème n'en a pas moins une entière généralité; car, s'il y a des forces en nombre quelconque, on peut toujours les remplacer par leur résultante unique.

Conséquence.

Si la projection P sur une droite fixe de la force F qui agit sur le mobile ne dépend que de la vitesse de la projection du centre de gravité du mobile sur la même droite, le mouvement sur cette droite sera indépendant des mouvements des projections du corps sur d'autres droites, car la force qui agit sur le mobile projeté est indépendante du mouvement des autres projections. Dans ce cas, la projection du mobile sur la droite fixe se trouvera, au bout d'un temps quelconque, au même point, et aura la même vitesse que si les forces et les vitesses étaient nulles parallèlement à d'autres droites ; de sorte que la question sera réduite au mouvement rectiligne.

Proposition 7.

THÉORÈME.

Si l'on projette sur un plan fixe le mouvement quelconque d'un corps, ainsi que la force qui le sollicite, le mouvement de la projection n'est autre chose que le mouvement que prendrait dans ce plan un corps de même masse que celui qui se meut dans l'espace, sous l'action de la force projetée, ce corps ayant reçu une vitesse initiale égale à la projection de la vitesse initiale du mobile de l'espace.

Ce théorème se trouve également démontré dans tous les traités de mécanique.

Conséquence.

Si la projection Q sur un plan fixe de la force F qui agit sur le mobile ne dépend que de la vitesse de la projection du mobile sur ce plan, le mouvement sur le plan fixe pourra être déterminé séparément, comme si les mouvements sur d'autres plans ou d'autres axes n'existaient pas, et la question sera réduite au mouvement sur un plan.

CHAPITRE III.

SOLUTION DU PROBLÈME DU MOUVEMENT DES PROJECTILES DES ARMES A FEU RAYÉES.

Proposition 8.

PROBLÈME.

(Fig. 9.)

Déterminer le mouvement d'un cylindre droit lancé dans l'air suivant une direction quelconque, le centre de gravité étant au milieu de l'axe de figure. Le cylindre possède à l'origine un mouvement de rotation autour de son axe de figure.

La résistance de l'air sur la base plane antérieure du cylindre s'exercera dans la direction de l'axe de figure; celle sur la surface convexe sera dirigée suivant la normale au même axe et passera par son centre. Par conséquent, la résistance de l'air sera constamment dirigée vers le centre de figure, et par suite vers le centre de gravité du mobile, puisque ces deux centres se confondent.

La résultante des forces qui agissent sur le mobile étant une force appliquée constamment à son centre de gravité, elle n'aura aucune influence sur le mouvement de rotation autour de ce point, qui sera uniquement dû à l'état initial du mobile, et le même que si le centre de gravité ne se déplaçait pas.

De plus, à cause de la symétrie du cylindre autour

de son axe de rotation, les pressions exercées sur cet axe par les forces centrifuges de ses différents points, engendrées par la rotation, se détruiront évidemment deux à deux.

Par conséquent, le cylindre tournera constamment et uniformément autour de son axe de figure, qui demeurera toujours parallèle à lui-même; en même temps tous les points du cylindre décriront des trajectoires parallèles à la trajectoire de son centre de gravité.

Voyons maintenant la manière de déterminer cette trajectoire que décrit le centre de gravité.

Si l'on admet l'hypothèse ordinaire d'après laquelle la pression qui s'exerce entre un fluide et une surface solide, dans leur mouvement relatif, est proportionnelle au carré de la vitesse relative estimée suivant la normale à la surface, il en résulte que la résistance éprouvée par la base antérieure du cylindre est proportionnelle à cette base et au carré de la vitesse du mobile estimée suivant la direction de l'axe du cylindre, direction qui demeure invariable dans tout le cours du mouvement, ainsi que nous avons vu précédemment.

La résistance exercée contre la surface convexe du cylindre sera, d'après un théorème connu, proportionnelle aux deux tiers de la section longitudinale du cylindre et au carré de la vitesse du mobile estimée suivant une direction normale à l'axe de figure du cylindre, direction qui sera évidemment celle du plan normal à l'axe de figure, ou, en d'autres termes, celle du plan de l'*équateur* du projectile.

Si l'on projette donc le mouvement du centre de gravité sur un axe fixe OX qui soit l'axe de figure du projectile à l'origine, et sur un plan fixe OYZ qui soit l'équateur du projectile à l'origine, les mouvements des deux projections du centre de gravité du cylindre sur cet axe OX et sur ce plan OYZ s'effectueront indépendamment l'un de l'autre et seront précisément égaux à ceux qu'auraient deux cylindres pareils, dont l'un, étant enfilé suivant son axe de figure sur l'axe OX, glisserait sans frottement sur cet axe, et dont l'autre serait assujetti à glisser sans frottement par sa base plane sur le plan OYZ; l'un et l'autre ayant reçu primitivement des vitesses initiales égales respectivement aux projections de la vitesse initiale du mobile de l'espace sur l'axe et le plan fixes.

En effet, la somme algébrique des projections sur l'axe OX des forces qui sollicitent le mobile sera composée d'un terme constant dû à la pesanteur, et d'un terme dû à la résistance de l'air, proportionnel au carré de la vitesse du mobile estimée suivant cet axe ; en sorte que le mouvement du centre de gravité parallèlement à cet axe OX sera le même que celui d'un cylindre égal isolé (prop. 6).

De même, la somme algébrique des projections sur le plan fixe OYZ des forces qui sollicitent le mobile sera composée d'un terme constant provenant de la pesanteur, et d'un terme proportionnel au carré de la vitesse du mobile estimée suivant ce plan; en sorte que le mouvement du centre de gravité parallèlement à ce plan OYZ sera indépendant du mouvement dans la direction de l'axe OX et pourra en être déterminé séparément (prop. 7).

Ainsi, le problème du mouvement d'un cylindre droit tournant lancé dans l'air se réduit au problème du mouvement d'un cylindre qui glisse suivant son axe sur une droite inclinée à l'horizon, et au problème du mouvement d'un cylindre qui glisse en s'appuyant par sa base sur un plan incliné, en faisant abstraction du frottement et tenant compte de la résistance de l'air.

Le premier problème ne présente aucune difficulté; le second est en tout point pareil à celui du mouvement d'une sphère dans l'air, problème qu'on résout au moyen des méthodes connues.

Conséquence.

Si la direction de la vitesse initiale du centre de gravité est comprise dans le même plan vertical que l'axe de figure du cylindre, la résistance sur la surface convexe de celui-ci sera toujours comprise dans le même plan vertical pendant tout le cours du mouvement; en sorte que la trajectoire sera plane, tandis qu'elle est à double courbure dans le cas général.

Proposition 9.

PROBLÈME.

Un cylindre droit dont le centre de gravité situé sur l'axe ne coïncide point avec le centre de figure, est lancé dans l'air suivant une direction quelconque.

Le cylindre possède à l'origine une très grande vitesse angulaire de rotation autour de son axe de figure. On propose de déterminer le mouvement de rotation du cylindre, dans toute la suite du temps.

La seule force qui agisse pour troubler la rotation du cylindre est la résistance de l'air appliquée au centre de figure, et constamment comprise dans le plan de l'axe de figure et de la direction du mouvement du centre de gravité. Son effet sera de tendre à faire tourner le cylindre autour d'un axe toujours perpendiculaire à ce plan.

Considérons le mobile à l'origine, où l'axe de rotation coïncide avec l'axe de figure. Nous avons ici un corps qui tourne autour d'un axe, soumis à l'action d'une force qui tend à le faire tourner autour d'un autre axe compris dans le plan normal à la direction du mouvement du centre de gravité, et perpendiculaire à l'axe de la rotation actuelle du corps. C'est précisément le cas considéré dans les propositions 2, 3, 4, 5.

Par conséquent, la grandeur de la vitesse angulaire de rotation restera constante, et l'axe instantané de rotation prendra dans l'espace absolu un mouvement conique autour de la direction de la vitesse du centre de gravité.

La vitesse du pôle de l'axe instantané autour de la direction de la vitesse du centre de gravité sera :

$$\frac{v}{V \sin a},$$

où v désigne la vitesse angulaire que la résistance de

l'air engendrerait dans une seconde si, pendant ce temps, elle se conservait constante en intensité et en direction relativement au mobile; V, la vitesse angulaire de rotation du mobile; *a*, l'angle que fait l'axe de rotation avec la direction de la vitesse du centre de gravité.

Tandis que l'axe instantané décrit ce cône dans l'espace absolu, il décrit dans l'intérieur du corps un autre cône dont la demi-ouverture *b* est donnée par l'équation (prop. 5) :

$$\cot b = \frac{V^2}{v} - \cot a.$$

D'après l'hypothèse posée, V est fort grand comparativement à *v;* il s'ensuit que *b* est fort petit, c'est-à-dire que l'axe instantané de rotation du cylindre est très voisin de l'axe de figure.

L'angle *b*, dans le tir des projectiles, n'est ordinairement que de quelques secondes; de sorte que l'écart des deux axes à la partie antérieure des projectiles n'est que de quelques centièmes de millimètre tout au plus.

Nous pourrons donc regarder, sans aucune erreur sensible, ces deux axes comme n'en formant qu'un seul, quand il ne s'agit que d'étudier les mouvements de ces axes dans l'espace absolu.

Si l'on admet que l'axe de figure du cylindre se confond toujours avec l'axe instantané de rotation, il en résulte que l'axe de la rotation que la résistance de l'air tend à produire sera constamment perpendiculaire à l'axe de la rotation acquise.

On en conclut que, quand le cylindre que nous considérons a reçu une très grande vitesse de rotation autour de son axe de figure, s'il est lancé dans l'air suivant une direction quelconque :

1° Sa vitesse angulaire de rotation demeure constante dans tout le cours du mouvement;

2° Son axe de figure prend autour de la direction de la vitesse du centre de gravité un mouvement conique très lent par rapport à la rotation du mobile, et qui est direct ou rétrograde selon que le centre de figure du corps est en avant ou en arrière du centre de gravité.

Remarque.

Il importe de remarquer que l'ouverture $2a$ du cône décrit dans l'espace par l'axe de figure du cylindre, et que la vitesse

$$\frac{v}{V \sin a}$$

du pôle de celui-ci, sont variables et dépendent du mouvement de translation du mobile. Car l'angle a et la vitesse angulaire v, qui est naturellement une fonction du même angle et de la vitesse du centre de gravité, varient dans les différents points de la courbe ou trajectoire que décrit le centre de gravité.

Si nous avons considéré isolément la rotation, c'est pour en donner une idée nette; mais, lorsqu'il s'agira de calculer le mouvement du projectile, il faudra tenir compte en même temps des deux mouvements de rotation et de translation qui influent mutuellement l'un sur l'autre.

Proposition 10.

PROBLÈME.

Déterminer le mouvement de translation du cylindre considéré dans le problème précédent.

Tandis que l'axe de figure du cylindre décrit un cône, avec une vitesse angulaire variable, autour de la direction de la vitesse du centre de gravité, celui-ci décrit une courbe dans l'espace qu'il s'agit de déterminer.

Il est très difficile qu'on parvienne à obtenir, à l'aide du calcul intégral, des valeurs exactes ou même approchées, — assez simples pour être de quelque utilité en pratique, — des coordonnées du centre de gravité à un instant quelconque; mais on pourra toujours déterminer la vitesse et la position du mobile, à chaque instant, de la manière suivante.

Imaginons que le temps total pendant lequel s'effectue le mouvement du projectile soit divisé en un très grand nombre de parties égales.

Concevons que le mobile, pendant chacun des petits intervalles de temps partiels, se meuve parallèlement à lui-même, et qu'au bout de chaque intervalle son axe de figure tourne instantanément autour de la tangente à la trajectoire, — ou, en d'autres termes, autour de la direction de la vitesse du centre de gravité, — de la quantité angulaire relative à cet intervalle de temps.

La succession des mouvements, que nous substituons ainsi au mouvement réel, dans les diverses parties dans lesquelles la durée totale du mouvement a été décomposée, constituera un nouveau mouvement différent du réel. Mais la différence qui existe entre ces deux mouvements sera de plus en plus faible, à mesure que le nombre des parties égales, dans lesquelles nous avons divisé le temps total, sera plus considérable; et nous pouvons regarder le nouveau mouvement comme tendant indéfiniment à se confondre avec le réel, si nous supposons que le nombre de ces parties du temps total augmente jusqu'à l'infini.

Or, pour chaque intervalle de temps, nous savons, à l'aide de la proposition 8, déterminer le mouvement de translation du cylindre dont les projections du centre de gravité sur la direction de l'axe de figure et sur le plan de l'équateur, dans leur position relative à l'origine de cet intervalle, se meuvent indépendamment l'une de l'autre.

Au bout de chaque intervalle, il sera facile, à l'aide de la proposition 9, d'assigner la quantité angulaire dont l'axe de figure a tourné autour de la tangente à la trajectoire pendant cet intervalle de temps. On n'aura pour cela qu'à multiplier par ce temps la vitesse angulaire

$$\frac{v}{V \sin \alpha}$$

du pôle de l'axe de figure autour de la tangente à la trajectoire.

En commençant cette suite de constructions au point

de départ du mobile, où l'on connaît la vitesse du centre de gravité en grandeur et en direction, ainsi que la direction de l'axe de figure, il est évident qu'on déterminera successivement tous les points de la trajectoire à double courbure que décrit le centre de gravité, et en même temps la vitesse dont celui-ci sera animé en chacun de ces points, ainsi que la direction de l'axe de figure du mobile, à tel degré d'approximation qu'on voudra.

Remarque.

Sans exécuter toute cette construction assez longue et pénible, nous pouvons nous rendre compte de l'effet produit par les différentes positions que peut avoir le centre de figure relativement au centre de gravité du cylindre pour entraîner celui-ci hors du plan de tir.

Nous supposerons que le cylindre est lancé suivant la direction de son axe de figure.

Si le centre de figure est situé en avant du centre de gravité, il est visible que la résistance de l'air tendra à éloigner l'axe de figure de la direction de la tangente à la trajectoire; de sorte que le mouvement conique de l'axe de figure sera direct (prop. 4). Donc, si le mobile a reçu à l'origine une rotation telle que celles déterminées par la disposition ordinaire des rayures des armes à feu, son axe de figure se portera d'abord latéralement à droite. Par suite, le projectile commencera par se présenter de travers à la résistance de l'air, qui interviendra pour amener le centre de gravité hors du plan de tir vers la droite.

A mesure que le projectile avance, il se présentera de plus en plus de flanc à la résistance de l'air, et devra par suite s'écarter de plus en plus du plan de tir.

Si, au contraire, le centre de figure est placé derrière le centre de gravité, il est visible que la résistance de l'air tendra à rapprocher l'axe de figure de la tangente à la trajectoire, et par suite donnera naissance à un mouvement conique rétrograde de l'axe de figure autour de la tangente (prop. 4). Cet axe s'inclinera donc d'abord vers la gauche, et son inclinaison augmentera de plus en plus à mesure que le projectile s'éloignera du point de départ. Dans ce cas, la déviation aura lieu vers la gauche.

On en conclut que, dans le mouvement d'un projectile cylindrique, le centre de gravité est dévié vers la droite ou vers la gauche, suivant que le centre de figure se trouve devant ou derrière le centre de gravité.

Nous avons à peine besoin d'ajouter que, si la rotation initiale du cylindre avait lieu en sens inverse, la déviation se produirait en sens opposé.

Proposition 11.

PROBLÈME.

Déterminer le mouvement des projectiles lancés par les armes à feu rayées.

Les projectiles des armes à feu rayées sont des corps de révolution auxquels l'explosion de la charge de poudre communique une très grande vitesse de projection, ainsi qu'une très grande vitesse angulaire de rotation.

Il est d'abord évident que la vitesse angulaire de rotation est en raison directe de la vitesse de projection, et en raison inverse de la partie de l'axe de l'âme de l'arme, qui répondrait à un tour entier des hélices, prolongées s'il est nécessaire. Si l'on désigne par u_0 la vitesse de projection, par p le pas des hélices, le projectile fera sur lui-même, dans chaque unité de temps, un nombre de révolutions égal à

$$\frac{u_0}{p};$$

de sorte que la vitesse d'un point lié au projectile et situé à une distance de l'axe égale à l'unité de longueur, ou la vitesse qu'on nomme angulaire, sera, au sortir de l'arme,

$$\frac{2\pi u_0}{p}.$$

Cette vitesse angulaire est toujours très grande dans les armes à feu, en raison de la grandeur de la vitesse de projection. Par exemple, dans le canon de 6 de campagne piémontais, la vitesse de projection étant 321 mètres, et le pas $2^m,20$, la vitesse angulaire de rotation s'élève à 146 tours par seconde ou à 917 mètres pour un point placé à 1 mètre de distance de l'axe de rotation.

Les projectiles oblongs qu'on emploie dans les armes à feu rayées ne sont pas tout à fait cylindriques : ils sont ordinairement composés d'une partie cylindrique et d'une partie conoïde. La courbe méridienne de celle-ci est le plus souvent un arc de cercle dont le centre est situé hors de l'axe de figure.

L'expression de la résistance de l'air exercée contre ces projectiles, de forme cylindro-ogivale, est assez compliquée, ce qui rend le problème du mouvement de ces projectiles bien plus ardu que celui du mouvement des projectiles de forme parfaitement cylindrique.

Comme on ne saurait espérer d'obtenir, en termes finis, la valeur des divers éléments qui servent à déterminer le mouvement des projectiles de forme cylindro-ogivale, le meilleur parti nous paraît celui de décrire la trajectoire par points. Voici une manière que nous proposons.

Nous ferons d'abord observer que tant que l'angle formé par l'axe du projectile avec la direction de la vitesse du centre de gravité, ou, en d'autres termes, avec la tangente à la trajectoire, n'est pas grand, la résistance estimée suivant l'axe du projectile ne s'écarte guère d'être proportionnelle au carré du cosinus de cet angle.

Quant à la résistance estimée normalement à l'axe du projectile, en raison de la partie conoïde, elle croît moins rapidement que pour un cylindre : pour des inclinaisons assez petites de l'axe sur la tangente à la trajectoire, elle est à peu près proportionnelle au sinus de cette inclinaison.

Observons, en outre, que la vitesse du centre de gravité du projectile, estimée suivant la normale à l'axe de figure, est toujours assez petite, au moins pour les amplitudes ordinaires du tir; de sorte qu'on ne commettra pas une grande erreur, si l'on suppose la résistance dans cette direction comme proportionnelle à la simple vitesse; bien entendu qu'on fera varier le coefficient de la résistance d'un élément à l'autre de la trajectoire.

D'après cela, nous supposerons :

1° La résistance estimée suivant l'axe du projectile comme proportionnelle au carré de la vitesse du centre de gravité estimée suivant le même axe;

2° La résistance estimée normalement à l'axe du projectile, comme proportionnelle à la première puissance de la vitesse du centre de gravité estimée suivant la même direction.

Supposons maintenant, comme nous l'avons fait dans la proposition 10, que, pendant un temps très court, l'axe du projectile se conserve parallèle à lui-même, et qu'ensuite, au bout de ce temps, il tourne instantanément, autour de la tangente à la trajectoire, de la quantité angulaire relative à ce temps.

Pour déterminer le mouvement de translation pendant ce temps très court, nous aurons à considérer :

1° Un projectile qui se meut, la pointe en avant, dans la direction de son axe, soumis à une résistance proportionnelle au carré de la vitesse;

2° Un autre projectile égal qui se meut de flanc, appuyé par sa base sur le plan de l'équateur, soumis à une résistance proportionnelle à la simple vitesse.

Le mouvement de translation étant ainsi décomposé, il sera aisé d'obtenir la valeur explicite des chemins parcourus par les projections du centre de gravité sur trois axes qui se déplacent d'un élément à l'autre de la trajectoire, et de là les chemins parcourus parallèlement à trois axes fixes. Car les projections du centre de gravité sur les axes mobiles ont le même mouvement que des points matériels distincts qui auraient même masse que le projectile et seraient sollicités respectivement par les composantes de la force qui agit sur le projectile donné, et la question sera réduite au mouvement rectiligne.

Après la translation, si l'on fait tourner l'axe du projectile de la quantité angulaire relative au temps très court de la translation, on aura la position de l'axe dans l'espace.

On pourra ainsi, de proche en proche, construire les positions successives du projectile. On connaîtra également la direction et la grandeur de sa vitesse.

Il est évident que plus sera grand le nombre de parties dans lesquelles on aura divisé le temps, plus la courbe ainsi construite s'approchera de représenter la véritable trajectoire.

Remarque 1.

Il est bon de remarquer que cette description par points de la trajectoire peut s'adapter à des lois de la résistance en fonction de la vitesse autres que celle ordinaire du carré, que nous avons rapportée simplement pour fixer les idées.

Il n'est pas même besoin que la loi de la résistance

soit de nature à pouvoir être exprimée par une combinaison de signes de l'analyse mathématique. On peut concevoir qu'au moyen de nombreuses expériences, en faisant mouvoir le projectile sous diverses inclinaisons et avec diverses vitesses, on ait construit une table à double entrée, où se trouvent les valeurs de la résistance correspondante aux divers angles et aux diverses vitesses.

Au moyen d'une pareille table, on déterminera les coefficients de la résistance à employer sur chacun des éléments dans lesquels la trajectoire a été divisée. Pour cet effet, à l'origine de chaque élément, on divisera la résistance estimée suivant l'axe du projectile qui se trouve dans la table par le carré de la vitesse estimée suivant cet axe : le quotient sera le coefficient de la résistance suivant l'axe à employer pour cet élément. On divisera de même la résistance estimée suivant la normale qui se trouve dans la table par la vitesse estimée suivant la même direction : le quotient sera le coefficient de la résistance suivant la normale à employer dans le calcul de l'élément de la courbe.

Ces coefficients, au lieu d'être constants, varieront d'un élément à l'autre; mais leurs variations, pour l'amplitude ordinaire du tir, seront assez restreintes.

Remarque 2.

Les expériences exécutées en divers pays avec des projectiles oblongs, tirés au moyen d'armes rayées, ont démontré que ces projectiles éprouvent toujours une déviation latérale vers la droite de l'observateur placé au point de départ et tourné vers la trajectoire, déviation qui a reçu le nom de *dérivation*.

Dans les projectiles oblongs, on s'efforce de porter le centre de gravité le plus près possible de la partie antérieure. Il semblerait donc, au premier abord, que le centre de résistance (1) devrait se trouver derrière le centre de gravité; et que, par conséquent, d'après la remarque de la proposition 10, la dérivation devrait avoir lieu à gauche, puisque la direction des rayures est telle, que le dessus du projectile tourne de gauche à droite par rapport à l'observateur placé en arrière de l'arme.

Mais en y regardant de près, il n'est pas difficile de se convaincre que le centre de résistance d'un projectile terminé antérieurement par une partie conoïde, tombe fort près du centre de résistance de la partie conoïde, au commencement du mouvement, c'est-à-dire tant que la direction du mouvement de translation fait un petit angle avec l'axe de figure.

On voit par là qu'à moins de faire coïncider le centre de gravité du projectile avec le centre de résistance de la partie antérieure conoïde, ou de le porter en avant de ce point, — condition difficilement réalisable en pratique, — il arrivera toujours qu'au commencement du mouvement le centre de résistance du projectile entier tombera devant le centre de gravité,

(1) Nous appelons *centre de résistance* du projectile le point où la direction de la résultante des résistances, — exercées sur tous les points de sa surface, — coupe son axe de figure.

et que par suite la dérivation commencera par se faire vers la droite. (Prop. 10, remarque.)

A mesure que l'inclinaison de l'axe de figure sur la direction du mouvement augmentera, le centre de résistance se rapprochera du centre de gravité, il l'atteindra même et passera de l'autre côté; alors la dérivation changera de sens. Mais, pour les amplitudes ordinaires du tir, cet effet ne se produit pas, ou, s'il se produit, il n'a pas le temps de compenser la dérivation qui a déjà eu lieu à droite.

Pour fixer les idées sur les variations que subit la distance du centre de résistance au centre de gravité à mesure que l'inclinaison de l'axe de figure sur la direction du mouvement augmente, nous donnerons le tableau suivant relatif au projectile du canon rayé de 4 français, dont le diamètre est $0^{m},084$ et le poids $3^{k},9$:

Angle que fait l'axe de figure du projectile avec la direction du mouvement du centre de gravité.	*Distance du centre de résistance au centre de gravité.*
degrés.	mètres.
0	0,039
5	0,031
25	0,013
45	0,003
55	0,000
75	— 0,005 (1)
90	— 0,007

(1) Le signe négatif indique que le centre de résistance est derrière le centre de gravité.

CHAPITRE IV.

SIMILITUDE DES TRAJECTOIRES.

Proposition 12.

THÉORÈME.

(Fig. 10.)

Deux projectiles semblables par la forme et par la constitution intérieure (1), de différent calibre, lancés par des armes à feu rayées, sous le même angle, dans l'air, décrivent des courbes semblables lorsqu'on a, en même temps :

1° Les vitesses initiales en raison directe des racines carrées des poids des projectiles, et en raison inverse des dimensions linéaires des projectiles;

2° Les pas des hélices des deux armes à feu proportionnels aux dimensions linéaires des projectiles.

Ces conditions étant remplies, les dimensions linéaires des deux trajectoires sont en raison directe des poids des projectiles, et en raison inverse des car-

(1) Nous entendions par là que les deux projectiles sont semblables, non-seulement au point de vue géométrique, mais encore au point de vue de la disposition de la matière, c'est-à-dire que les lignes de l'un des projectiles sont dans un rapport constant avec les lignes homologues de l'autre, et, de plus, que les masses des éléments de l'un sont dans un rapport constant avec les masses des éléments homologues de l'autre. Les deux rapports différeront généralement entre eux.

rés des dimensions linéaires de ceux-ci; le rapport des vitesses des projectiles en des points homologues des deux trajectoires, est le même que le rapport des vitesses initiales; le rapport des temps employés pour arriver à ces points homologues, est le même que celui des vitesses initiales.

Si l'on remplace les deux courbes à double courbure que décrivent les deux projectiles par deux polygones gauches d'un nombre infini de côtés, afin que les deux courbes soient semblables, il est nécessaire et il suffit que les deux polygones gauches aient les côtés proportionnels et parallèles deux à deux, ou, ce qui revient au même, il est nécessaire et il suffit que les deux polygones gauches aient les côtés homologues proportionnels, et les angles homologues de *contingence* et de *torsion* égaux.

Nous rappellerons que l'angle de *contingence* est l'angle compris entre deux côtés consécutifs, ou, en d'autres termes, l'angle compris entre deux tangentes de la courbe infiniment voisines; que l'angle de *torsion* est l'angle formé par un plan qui contient deux côtés consécutifs avec le plan pareil qui le suit immédiatement, ou, en d'autres termes, l'angle de deux plans *osculateurs* consécutifs.

Soient C et C′ les deux courbes; P et P′ les poids des deux projectiles semblables; L et L′ deux lignes homologues des mêmes projectiles.

Prenons sur les deux courbes C et C′ deux arcs tels,

que les temps T et T' nécessaires pour les parcourir soient dans la proportion

$$T : T' :: \frac{\sqrt{P}}{L} : \frac{\sqrt{P'}}{L'}.$$

Divisons le temps T en particules infiniment petites t, que nous nommerons des instants, et soient marqués, sur la courbe C, (fig. 10) des points successifs 1, 2, 3, etc., où vient passer d'un instant à l'autre le centre de gravité du projectile P. Joignons les points O, 1, 2, 3, etc., par des droites, et considérons la courbe comme un polygone d'une infinité de côtés.

Divisons le temps T' dans le même nombre de parties égales que le temps T. Si l'on désigne par t' une de ces parties, on aura évidemment

$$t : t' :: \frac{\sqrt{P}}{L} : \frac{\sqrt{P'}}{L'}.$$

Marquons sur la courbe C' des points successifs 1', 2', 3', etc., où vient passer le projectile P' d'un instant à l'autre.

Considérons maintenant les deux projectiles à l'origine. D'après l'énoncé de la proposition, les deux vitesses initiales u_0, u_0' satisfont à la condition suivante :

$$u_0 : u_0' :: \frac{\sqrt{P}}{L} : \frac{\sqrt{P'}}{L'}.$$

Les forces provenant de la résistance du milieu contre les deux projectiles que nous supposerons parallèles à l'origine sont évidemment entre elles comme les carrés des vitesses et comme les aires des surfaces sur lesquelles s'exerce la résistance de l'air, c'est-à-dire comme

$$L^2 u_0^2 : L'^2 u_0'^2;$$

et les accélérations qu'elles produisent comme

$$\frac{L^2 u_0^2}{P} : \frac{L'^2 u_0'^2}{P'}.$$

Si l'on a égard au rapport précédent des deux vitesses initiales u_0, u_0', on voit que ces deux accélérations sont égales.

Outre la résistance du milieu, les deux projectiles sont soumis à la pesanteur; mais ici, de même les accélérations produites par cette force sont égales pour les deux projectiles.

Il est de plus évident que, si les directions du mouvement à l'origine des deux projectiles sont parallèles, les deux accélérations d'un projectile provenant de la résistance du milieu et de la pesanteur sont respectivement parallèles et dirigées dans le même sens que les accélérations de l'autre projectile. Il en résulte qu'à l'origine les deux projectiles ont des accélérations totales égales en intensité et en direction.

Soit f l'accélération totale commune, m l'angle qu'elle fait avec la direction du mouvement à l'origine.

Au bout du temps infiniment petit t, la vitesse sur la courbe C au point 1 sera

$$u_1 = u_0 + ft \cos m,$$

et la vitesse sur la courbe C′ au point 1′, après le temps t', sera

$$u_1' = u'_0 + ft' \cos m.$$

Or, nous avons

$$u_0 : u'_0 :: t : t' :: \frac{\sqrt{P}}{L} : \frac{\sqrt{P'}}{L'},$$

on en déduit

$$u_1 : u_1' :: \frac{\sqrt{P}}{L} : \frac{\sqrt{P'}}{L'};$$

c'est-à-dire que les vitesses aux points 1 et 1′ sont dans le même rapport qu'aux points O et O′.

La longueur du côté O1 sur la courbe C s'obtiendra en multipliant la demi-somme des vitesses aux deux extrémités par le temps t; en sorte qu'on aura pour son expression

$$u_0\, t + \tfrac{1}{2} ft^2 \cos m.$$

On aura de même, pour la longueur du côté O′1′ de la courbe C′,

$$u'_0\, t' + \tfrac{1}{2} ft'^2 \cos m.$$

En ayant égard au rapport de u_0 à u_0', et de t à t', on déduira que les deux côtés sont entre eux comme

$$\frac{P}{L^2} : \frac{P'}{L'^2}.$$

Il nous faut maintenant prouver que les angles de contingence et de torsion des deux courbes sont respectivement égaux deux à deux.

Soit OT (fig. 11) la direction de la vitesse initiale u_0, ou de la tangente à la courbe C au point O. Prenons sur OT une droite OA égale à $u_0 t$, c'est-à-dire à l'espace qui serait décrit par le mobile dans l'instant t, en vertu seulement de la vitesse u_0. Joignons A au point 1. Le côté A1 du triangle OA1 sera égal à l'espace

$$\tfrac{1}{2} ft^2$$

que ferait parcourir au mobile pendant le temps t, suivant sa direction, la force qui le sollicite, indépendamment de la vitesse u_0. Le côté O1 est l'espace que parcourt réellement le mobile, et nous avons vu ci-dessus qu'il est égal à

$$u_0 t + \tfrac{1}{2} ft^2 \cos m.$$

Nous avons donc

$$\text{OA} = u_0 t,$$
$$\text{A1} = \tfrac{1}{2} ft^2,$$
$$\text{O1} = u_0 t + \tfrac{1}{2} ft^2 \cos m.$$

Si l'on fait la même construction relativement à l'autre courbe C', on aura un autre triangle O'A'1', où

$$\text{O'A'} = u_0' t'$$
$$\text{A'1'} = \tfrac{1}{2} ft'^2$$
$$\text{O'1'} = u_0' t' + \tfrac{1}{2} ft'^2 \cos m.$$

En ayant égard au rapport de u_0 à u_0' et de t à t', on voit que les côtés des deux triangles sont proportionnels; donc, ils sont équiangles, et les deux angles de contingence AO1, A'O'1', sont égaux ; de sorte que, si les deux tangentes à l'origine sont parallèles, les deux côtés O1, O'1' le seront aussi.

De plus, les accélérations des deux projectiles étant parallèles, il s'ensuit que le plan qui contient la tangente à l'origine et le premier côté O1 d'un polygone sera parallèle au plan homologue de l'autre polygone.

Le projectile P étant arrivé au point 1, sur la courbe C, pour avoir la position de son axe dans l'espace en ce point, il faut, d'après ce qu'on a vu dans la proposition 10, le faire tourner autour du côté O1 de l'angle

$$\frac{vt}{V \sin a}.$$

De même sur la courbe C', au point homologue 1', il faut faire tourner le projectile P' autour du côté O1' de l'angle

$$\frac{v't'}{V' \sin a}.$$

Les deux vitesses angulaires v et v' sont en raison directe des résistances estimées suivant la normale à l'axe de figure du projectile, en raison directe des distances du centre de résistance au centre de gravité, et en raison inverse des moments d'inertie des deux projectiles.

A cause de la similitude géométrique des deux projectiles, les résistances seront proportionnelles aux carrés des dimensions linéaires; elles seront, en outre, proportionnelles aux carrés des vitesses; de sorte qu'on aura

$$v : v' :: \frac{L^2 u'^2 D}{I} : \frac{L'^2 u_1'^2 D'}{I'},$$

où D, D', désignent pour chaque projectile la distance du centre de résistance au centre de gravité; I, I', les moments d'inertie par rapport à un axe perpendiculaire à l'axe de figure, et passant par le centre de gravité.

Nous avons supposé que les deux projectiles étaient semblables non-seulement au point de vue géométrique, mais encore par leur constitution intérieure ; c'est-à-dire nous avons supposé les deux projectiles comme formés d'un même nombre de molécules semblablement disposées et possédant des masses dans le rapport de P à P'. Dès lors, on aura les proportions

$$D : D' :: L : L',$$
$$I : I' :: PL^2 : P' L'^2,$$

d'où l'on déduit

$$\frac{D}{I} : \frac{D'}{I'} :: \frac{1}{PL} : \frac{1}{P'L'};$$

et par suite

$$v : v' :: \frac{Lu_1^2}{P} : \frac{L'u_1'^2}{P'}.$$

En vertu de la relation entre u_1 et u'_1 trouvée précédemment, il vient

$$v : v' :: \frac{1}{L} : \frac{1}{L'}.$$

Et puisqu'on a

$$t : t' :: \frac{\sqrt{P}}{L} : \frac{\sqrt{P'}}{L'}$$

on obtiendra

$$vt : v't' :: \frac{\sqrt{P}}{L^2} : \frac{\sqrt{P'}}{L'^2};$$

La vitesse initiale de rotation V, ainsi qu'on l'a déjà remarqué dans la proposition 11, est en raison directe de la vitesse de projection et en raison inverse du pas de l'hélice de l'arme ; donc, on aura

$$V : V' :: \frac{u_0}{p} : \frac{u_0'}{p'},$$

p et p' étant les pas des rayures.

D'après l'énoncé de la proposition, on a

$$u_0 : u_0' : \frac{\sqrt{P}}{L} : \frac{\sqrt{P'}}{L'},$$

$$p : p' :: L : L' ;$$

il en résulte

$$V : V' :: \frac{\sqrt{P}}{L^2} : \frac{\sqrt{P'}}{L'^2}.$$

Nous avons obtenu la même proportion entre vt et $v't'$; nous aurons donc l'équation

$$\frac{vt}{V \sin a} = \frac{v't'}{V' \sin a}.$$

On en conclut que les axes des deux projectiles aux points 1 et 1' tourneront de la même quantité angulaire, et prendront une direction parallèle.

D'où l'on voit qu'aux points 1 et 1' les deux projectiles sont dans les mêmes conditions, sous le rapport de la direction et de la vitesse, qu'aux points O et O'.

En répétant aux points 1 et 1', considérés comme de nouvelles origines, le même raisonnement qu'aux points O et O', on trouvera que le second côté de la courbe C est proportionnel et parallèle au côté homologue de la courbe C', et, de plus, que le plan qui contient le premier et le second côté de la courbe C est parallèle au plan homologue de la courbe C', et, par suite, que l'angle de torsion est égal dans les deux courbes.

En raisonnant ainsi d'un côté au côté suivant, on peut conclure que les deux polygones ont les côtés homologues proportionnels et parallèles, et que, par suite, les deux courbes C et C' sont semblables. Ce qu'il fallait démontrer.

Le rapport de similitude linéaire entre les deux courbes est égal au rapport des côtés homologues, c'est-à-dire égal à

$$\frac{P}{L^2} : \frac{P'}{L'^2}.$$

Le rapport des temps nécessaires pour parcourir des arcs semblables est

$$\frac{\sqrt{P}}{L} : \frac{\sqrt{P'}}{L'}.$$

Le rapport des vitesses en des points homologues est

$$\frac{\sqrt{P}}{L} : \frac{\sqrt{P'}}{L'}.$$

Conséquence 1.

Si les deux projectiles ont le même poids spécifique, on aura

$$P : P' :: L^3 : L'^3.$$

Dès lors, le rapport de similitude linéaire entre les deux trajectoires devient

$$L : L';$$

le rapport des temps, ainsi que celui des vitesses,

$$\sqrt{L} : \sqrt{L'}.$$

On peut, en conséquence, énoncer le théorème suivant :

Les armes à feu rayées de calibre différent, dont le pas est proportionnel au calibre, fournissent des trajectoires semblables toutes les fois qu'elles lancent, sous la même élévation, des projectiles semblables, de même poids spécifique, avec des vitesses proportionnelles aux racines carrées des calibres. Dans ce cas, le rapport de similitude linéaire entre les deux trajectoires sera égal au rapport des calibres ; le rapport des temps, ainsi que celui des vitesses, sera égal au rapport des racines carrées des calibres.

Conséquence 2.

Si l'on a

$$L = L',$$

les deux projectiles seront égaux quant à la forme extérieure; alors le pas doit être égal de part et d'autre pour qu'il y ait similitude. Dans ce cas, le rapport de similitude des longueurs entre les deux trajectoires sera égal à

$$P : P';$$

celui des temps, ainsi que celui des vitesses, sera

$$\sqrt{P} : \sqrt{P'}.$$

De là, il suit que, *dans la même arme à feu rayée,*

les trajectoires, qui résultent de divers projectiles de même forme extérieure et de poids différent, seront semblables, si ceux-ci sont laucés, sous le même angle, avec des vitesses proportionnelles aux racines carrées de leurs poids.

Conséquence 3.

Si l'on a la proportion

$$L : L' :: P : P',$$

le rapport des temps, ainsi que celui des vitesses, devient

$$\frac{1}{\sqrt{P}} : \frac{1}{\sqrt{P'}};$$

et celui des dimensions linéaires des trajectoires

$$\frac{1}{P} : \frac{1}{P'}.$$

Remarquons que, si l'on admet les lois usuelles entre les vitesses initiales et les charges de poudre, d'après lesquelles les vitesses initiales sont égales, dans deux armes à feu différentes, pour le même rapport entre le poids de la charge et celui du projectile, et, dans la même arme, les vitesses initiales sont entre elles comme les racines carrées des charges et inverses des racines carrées des poids du boulet, il est aisé de voir que les deux vitesses initiales, dans le rapport de

$$\frac{1}{\sqrt{P}} : \frac{1}{\sqrt{P'}},$$

seront produites par deux charges égales.

Par conséquent, *les armes à feu rayées, dont le pas est proportionnel au calibre, qui lancent des projectiles semblables, de poids proportionnel au calibre, donnent des trajectoires semblables, lorsqu'on les tire avec la même charge de poudre, sous la même inclinaison.*

Conséquence 4.

Si l'on a

$$L^2 : L'^2 :: P : P',$$

la similitude se change en égalité, et les deux trajectoires sont superposables. Ce qui nous conduit au théorème suivant :

Sous la même inclinaison, et avec la même vitesse initiale, le même tir est fourni par toutes les armes à feu rayées, assujetties à la condition que le pas des hélices et le calibre soient proportionnels à la racine carrée du poids du projectile, ou, ce qui revient au même, assujetties à la condition que le pas et le calibre soient réciproquement proportionnels au poids spécifique du projectile; les projectiles étant d'ailleurs semblables.

Conséquence 5.

Si les projectiles ne possèdent aucune rotation initiale, c'est-à-dire si l'on a

$$V = 0, V' = 0,$$

il est aisé de voir, en reprenant la démonstration du théorème général, que la similitude des trajectoires aura lieu lorsque les distances du centre de résistance au centre de gravité sont entre elles comme

$$\frac{L^4}{P} : \frac{L'^4}{P'}.$$

Pour satisfaire à cette condition, il est nécessaire qu'on ait la proportion

$$P : P' :: L^3 : L'^3 ;$$

car les deux projectiles étant semblables par la disposition des molécules, les distances du centre de résistance au centre de gravité sont dans le rapport de

$$L : L'.$$

Donc, *deux projectiles semblables, lancés sous le même angle, sans rotation initiale, décrivent des trajectoires semblables, si leurs poids sont proportionnels à la troisième puissance des diamètres, et si leurs vitesses de projection sont proportionnelles à la racine carrée des diamètres. Dans ce cas, les dimensions linéaires des trajectoires sont proportionnelles aux diamètres.*

Ce théorème se rapporte au cas du tir des projectiles excentriques, dans les armes à feu lisses, lorsqu'on place la ligne qui en contient les centres de gravité et de figure dans la direction de l'axe de la pièce.

Conséquence 6.

Si les centres de gravité et de résistance se confondent, dans toutes les positions que peut prendre le projectile, la résistance du milieu n'aura aucune influence sur le mouvement de rotation, qui dépendra uniquement de la rotation initiale; alors, pour que les trajectoires soient semblables, il suffit que les projectiles soient semblables et que les vitesses initiales soient dans la proportion de

$$\frac{\sqrt{P}}{L} : \frac{\sqrt{P'}}{L'}.$$

Les boulets sphériques homogènes satisfont complétement aux conditions de similitude et de coïncidence des deux centres; de sorte qu'ils décriront des trajectoires semblables lorsque, étant lancés sous le même angle d'élévation, les vitesses initiales sont comme

$$\frac{\sqrt{P}}{L} : \frac{\sqrt{P'}}{L'},$$

ou bien comme

$$\sqrt{L\,\Pi} : \sqrt{L'\,\Pi'},$$

Π et Π' étant les poids spécifiques des projectiles.

On tombe ainsi sur le théorème que les Français attribuent à Borda et les Anglais à Robison, théorème qui se trouve évidemment compris, comme cas particulier, dans le nôtre.

Remarque.

Il est bon de remarquer qu'à l'aide du théorème général que nous venons d'établir, on peut, du tir d'une seule arme à feu, déduire des règles pour le tir de toute autre arme. En effet, supposons qu'on possède les tables de tir d'un canon rayé, par exemple du canon de 6, tiré sous toutes les inclinaisons, avec toutes les charges praticables et avec tous les pas des rayures.

Soit maintenant proposé un autre canon rayé, par exemple le canon de 12, il sera aisé de trouver sur-le-champ la table de tir de ce canon. A cet effet, on déterminera d'abord quelle est la charge et le pas du canon de 6, qui fournissent des trajectoires semblables aux trajectoires du canon de 12, en ayant égard à la condition que les deux vitesses initiales soient dans le rapport des racines carrées des calibres, et les deux pas dans le rapport des calibres. Cela fait, il suffira, pour chaque angle de projection, de multiplier par le rapport des calibres la portée, la dérivation, la hauteur du tir, etc., du canon de 6, pour avoir la portée, la dérivation, etc., correspondantes du canon de 12.

D'où l'on voit qu'en se servant de ce théorème, on n'aura besoin que de simples proportions pour déduire d'une série d'expériences convenables, exécutées avec un seul canon rayé, ou même avec un seul fusil rayé, les tables de tir d'un canon rayé ou d'une carabine quelconque. C'est pourquoi nous croyons ce théorème digne de remarque, et nous nous permettons d'appeler sur lui l'attention des artilleurs.

NOTE

SUR LE CENTRE DE RÉSISTANCE D'UN CYLINDRE DROIT.

Nous avons admis, dans la proposition 8 et suivantes, que la résultante de toutes les actions élémentaires exercées par le milieu résistant sur la surface d'un cylindre droit, passe constamment par le milieu de son axe de figure. Mais peut-être en pratique le centre de résistance ne coïncide-t-il point avec le centre de figure.

En effet, nous trouvons, dans le mémoire de M. Magnus, *Sur la déviation due au mouvement de rotation des projectiles*, qu'ayant soumis à un courant d'air horizontal un cylindre équilatère droit, suspendu à son centre de gravité, dont l'axe était dans la direction du centre du courant, mais légèrement incliné à l'horizon, il est arrivé que le cylindre prenait toujours la position horizontale. D'où l'on doit conclure que la résultante de la pression exercée par le courant contre le cylindre passait par la partie de l'axe de ce corps située en arrière du centre de gravité, ou, en d'autres termes, par la partie de cet axe située du côté postérieur du cylindre.

Nous nous expliquons ce fait par les expériences du professeur Avanzini (1), sur le centre de pression ou de résistance dans le choc oblique d'une veine fluide. D'après ces expériences, lorsqu'un plan est mû obliquement dans un fluide, le centre de résistance n'est point au centre de figure de la surface ; mais il se transporte vers le côté de la plaque le plus avancé dans la direction du mouvement, et la distance des deux centres est :

1° D'autant plus grande que l'angle d'incidence est plus aigu ;

(1) *Nuove richerche sulla resistenza de' fluidi* (*Istituto nazionale italiano*, tomo I, parte 1).

2° D'autant plus petite que la vitesse est plus grande;

3° D'autant plus petite que la plaque est plus longue et plus étroite.

Cela posé, on voit que, dans l'expérience de M. Magnus, le centre de résistance de la base plane du cylindre, exposée au courant, au lieu de tomber à son centre, sera plus près du bord le plus avancé; de telle sorte que le cylindre devra être ramené à l'horizontalité.

Mais si ce phénomène est sensible, dans le cas de médiocres vitesses, il le sera beaucoup moins, pour des vitesses aussi grandes que celles imprimées par la poudre; car, d'après les expériences de M. Avanzini, la distance du centre de résistance au centre de figure est d'autant plus petite que la vitesse est plus grande.

Ceci, au reste, ne modifie en rien la marche que nous avons indiquée pour tracer ou calculer par points la trajectoire des projectiles lancés par les armes à feu rayées, car nous y supposons que la résistance oblique exercée contre le projectile ait été déterminée à l'aide de l'expérience, laquelle tient implicitement compte de toutes les causes connues ou inconnues, qui influent sur le phénomène.

Paris. — Imprimerie de L. Martinet, rue Mignon, 2.

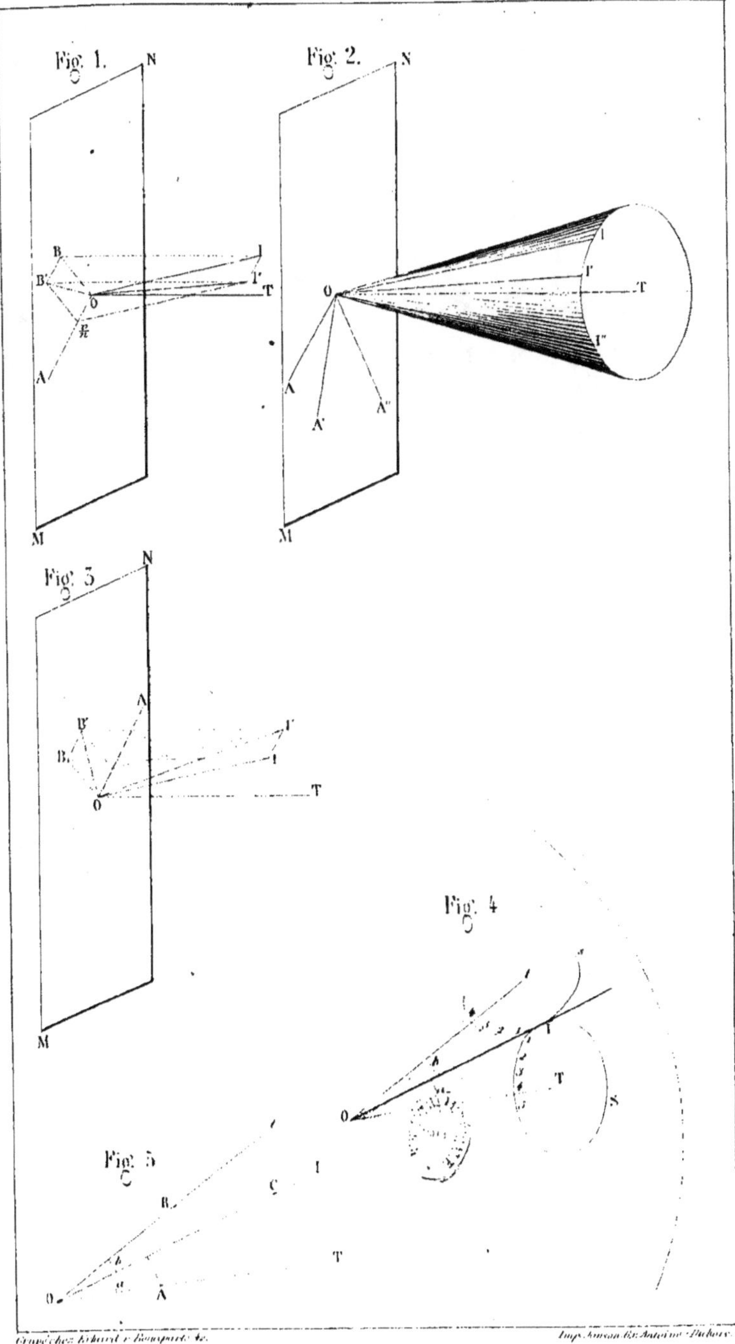
Fig. 1.
N
B
B'
O
I
I'
T
A
M
Fig. 2.
N
O
I
I'
T
I''
A
A'
A''
M
Fig. 3
N
A
B'
B
O
I'
I
T
M
Fig. 4
O
I
T
S
Fig. 5
B
O
A
C
I
T

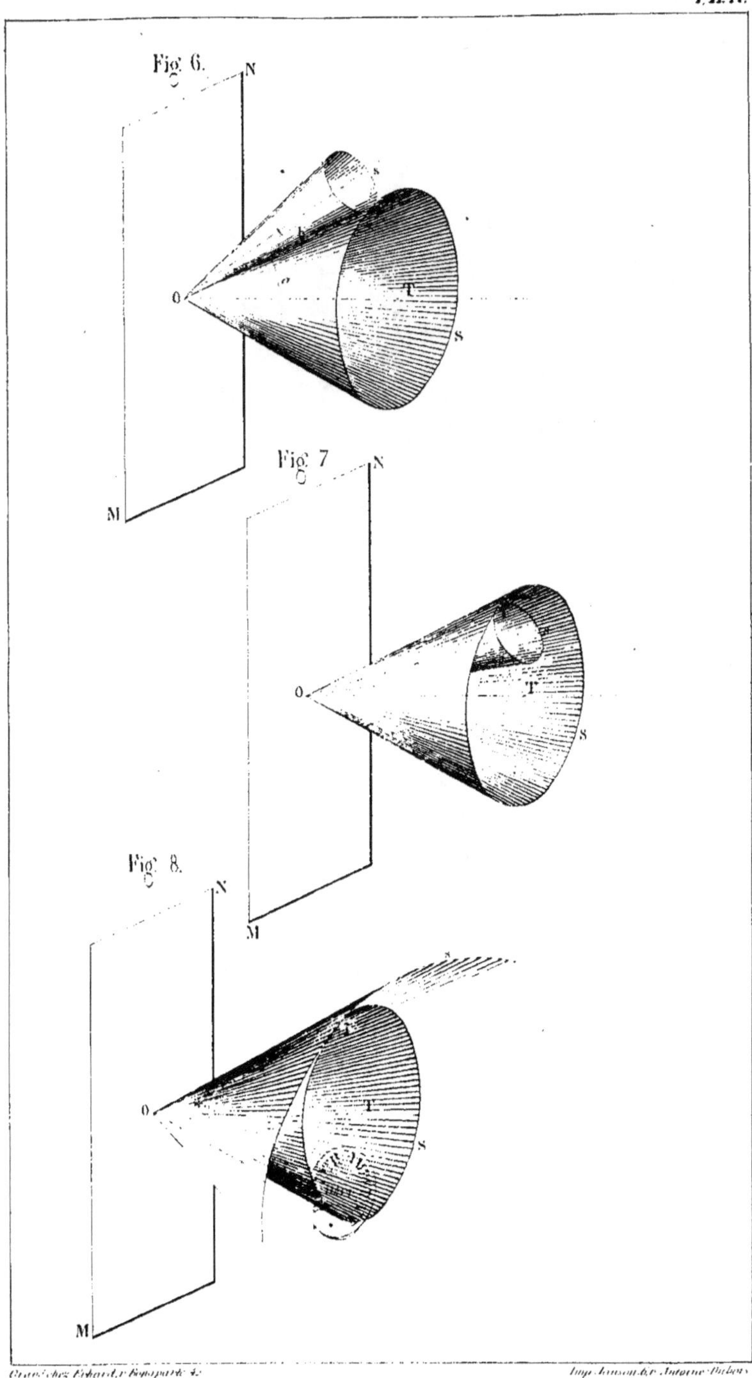

Gravé chez Eckard, r. Bonaparte 4. Imp. Janson & r. Antoine Dubois

PL. III.

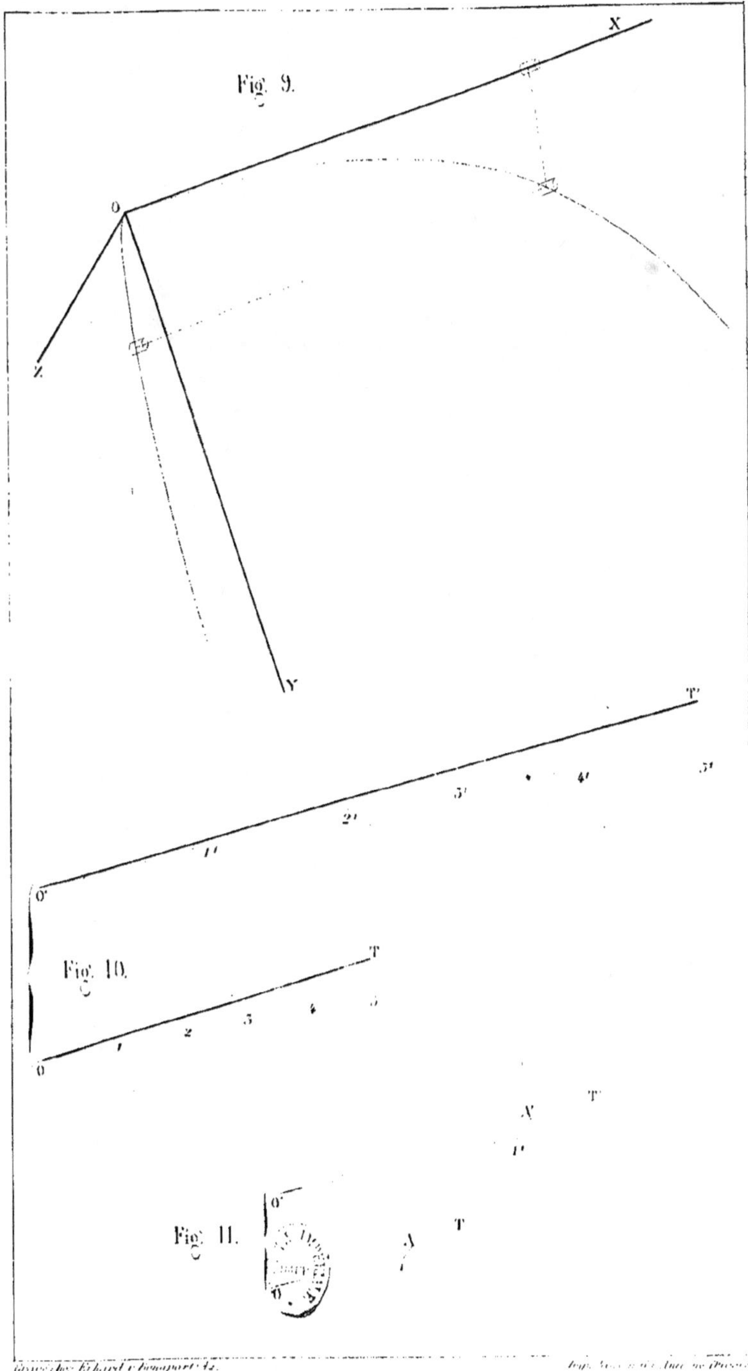

Gravé chez Erhard r. Bonaparte 42.

Imp. ... Paris

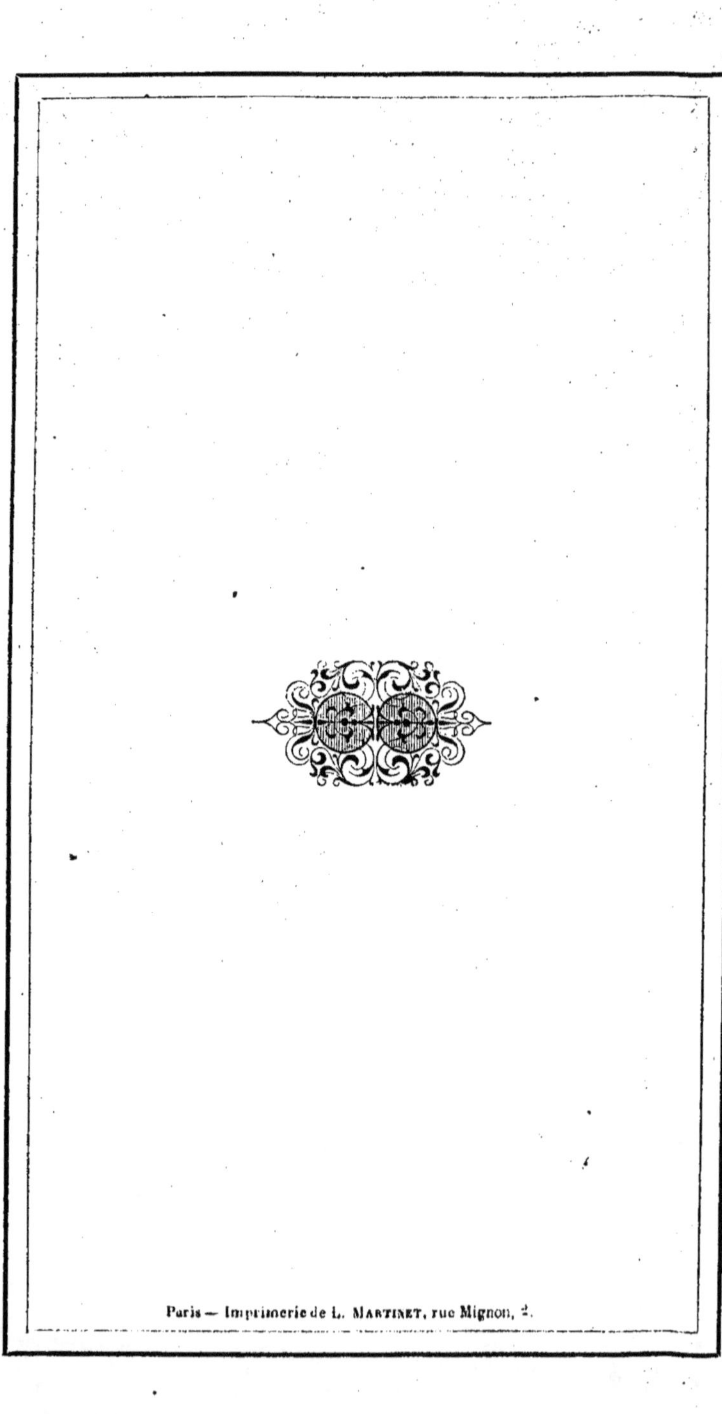

Paris — Imprimerie de L. MARTINET, rue Mignon, 2.

www.ingramcontent.com/pod-product-compliance
Lightning Source LLC
LaVergne TN
LVHW020048170826
845678LV00001B/486

* 9 7 8 2 3 2 9 6 7 9 2 6 6 *